AF259563
II.9

SUITE
DES VÉRITÉS

Déja soumises au Corps législatif, sur les causes de notre détresse.

Segnius irritant animos demissa per aurem,
Quàm quœ sunt oculis subjecta fidelibus.

Déja j'ai tracé rapidement les véritables causes de notre épuisement total , et j'ai essayé par l'énumération de quelques faits positifs, et par des conférences particulières, de fixer l'attention du Corps législatif sur les moyens d'arrêter les progrès des dilapidations publiques. La séance du 2 de ce mois offroit au Conseil des Cinq-cents une belle occasion de couper le mal jusques dans sa racine ; mais je ne sais par quelle fatalité le premier mouvement d'indignation presque général, a fait place à la froideur et à l'insouciance les plus absolues. J'ai pensé que le développement de certains faits soumis fidèlement sous les yeux du Corps législatif, ranimeroit peut-être sa surveillance adroitement distraite, beaucoup mieux qu'une

A

dénonciation vague que l'oreille endurcie saisit toujours difficilement.

On a dit à la tribune, qu'une compagnie de munitionnaires-généraux osoit réclamer le paiement de 16 millions, tandis qu'elle avoit reçu 4 à 500 mille livres au-delà de ce qui pouvoit lui être dû. Ce premier fait avoit agité l'assemblée entière, et un mot encore alloit jeter la plus grande lumière sur les vrais auteurs de la calamité publique, lorsque des détails atténuans furent officieusement développés, comme pour voiler la vérité prête à paroître dans tout son éclat.

Entr'autres bisarreries, la séance du deux fructidor offre celle du double rôle de dénonciateur et de défenseur de la part du même individu. Tout autre que le membre qui a excité les plus justes murmures en dernière analyse, et, partout ailleurs que dans le sein du Corps législatif, on eût pu croire que cette séance avoit été emmenée pour détourner l'idée de faire des recherches ultérieures sur les plus grands criminels de l'état.

Les devoirs de citoyen m'imposent l'obligation de reprendre les faits cités à la tribune et d'y ajouter ceux qui sont à ma connoissance la plus intime. Je n'ai pas sous les yeux , il est vrai , tous ceux qui paroissent avoir été articulés par le ministre de la guerre , et qui ont servi de base au rapport de la commission des dépenses ; mais je citerai ceux que la notoriété publique certifie.

On a d'abord articulé que les munition-naires-généraux avoient été un mois sans faire le service à l'armée de Sambre et Meuse. Ce fait m'est particulièrement connu, il est connu du public , et le général Hoche a réclamé formellement contre toute espèce de paiement qu'ils pourroient prétendre pour le premier mois de leur exercice. Ce paiement à la vérité , n'a point été sollicité pour le service de l'armée entière, pendant le premier mois ; mais il l'a été pour environ les ⅔, parce que les munitionnaires n'ont pu racheter les bons des fournitures non-faites , que pour cette portion de l'armée. Je dirai plus bas un mot de la manœuvre atroce qui se pratique dans le rachat des bons, et des moyens qu'on pourroit employer pour arrêter ce brigandage.

La compagnie des munitionnaires , dit-on

ensuite , compte plus de consommateurs ,
qu'il n'y en a réellement , et cet excédent
est porté à 10 mille hommes sur 200 mille.
Il faudroit donner des éloges à la compagnie,
si vraiment elle s'étoit bornée à forcer ses
états de consommation d'un vingtième seulement ; mais il faut qu'on sache avant d'aller
plus loin, que la compagnie actuelle est com-
posée des mêmes individus qui faisoient, au
moment de leur réunion pour tous les services , les fournitures séparées de chaque partie des subsistances. Je présume qu'ils se sont
un peu mieux concertés depuis leur rassem-
blement qu'avant leur division , pour faire
cadrer les quantités de leurs fournitures di-
verses ; mais j'ai établi dans le tems que les
fournitures de viande différoient de $\frac{1}{7}$ en plus
d'avec celles du pain , les décomptes qui
subsistent dans les bureaux de la guerre,
sont une preuve de ce que j'ai avancé. Quand
on voudra rendre justice à la France entière,
c'est-à-dire la venger des auteurs de la détresse générale , il suffira de compulser les
cartons du département de la guerre , pour
trouver le procès écrit de tous les coupables.
On y verra par le rapprochement des revues

et des états des munitionnrires, que les fournitures en tout genre sont souvent forcées
de ≤ pour ≥ et quelques-fois plus. Il y a dix
mois environ, il existoit à l'armée de Sambre
et Meuse un effectif de 68,000 hommes au
plus. J'ai lu à cet égard la correspondance du
général Beurnonville, il est d'ailleurs ici en
ce moment, on peut le consulter. Hé bien !
à-cette époque la fourniture de la viande s'élevoit pour 68,000 hommes, à 250,000 rations
par jour. La viande étoit payée 11 sols sur les
lieux où elle en valoit 5, et ce sont les mêmes
hommes qui ont continué ce service depuis
quinze mois environ... Je démontrerai quand
on voudra, et les pièces à la main, qu'il ne
leur est pas dû réellement le cinquième des
sommes qu'ils réclament. Ceci n'est point
exagéré et va s'expliquer dans un instant par
des faits positifs.

Je m'arrête au troisième reproche fait en
pleine assemblée aux munitionnaires-généraux, d'avoir compté en entier la fourniture
du riz, des légumes et du sel, tandis qu'ils
ont reçus des magasins de la République
14,000 quintaux de riz, 4,400 quintaux de
légumes secs, et 48,088 quintaux de sel, qui

suffiroient à 200,000 hommes pendant deux ans. Ce chef d'accusation le plus grave qui ait été présenté à la tribune, paroît n'avoir fait aucune impression sur l'assemblée. Est-il cependant une infidélité plus criminelle, un vol plus hardi, excepté celui du trésor de l'armée, qui fut fait il y a dix mois par les mêmes individus et qui est resté impuni ?

On accuse les munitionnaires de n'avoir tenu compte des denrées qu'ils ont reçues du gouvernement, que pour les $\frac{2}{10}$ de leurs fournitures en pain, quoique ces denrées formassent réellement les $\frac{3}{5}$. De même, les fourrages requis ne sont portés que pour un sixième de la fourniture, quoiqu'ils s'élèvent au quart. Tous ces délits sont traités de pécadilles et sont excusés d'un seul mot, comme si la gêne du gouvernement pouvoit légitimer des vols publics.

Personne semble n'avoir fait attention au reproche non moins grave de compter 75,000 rations de fourrages par jour, là où il n'existe pas 40,000 chevaux effectifs. J'ai, dans les deux premiers numéros de mes *Vérités*, publiées peu de jours avant l'arrivée du Nouveau Tiers, démontré mathématiquement que la Compagnie avoit reçu plus de denrées qu'il ne lui en falloit pour assurer son service pendant toute la campagne. Personne n'a encore osé me contredire publiquement.

Plusieurs membres des deux Conseils ont lu mes deux premiers numéros, et ont été justement indignés des vérités frappantes qu'ils contiennent. Je suis obligé de rapporter un des délits les plus graves qui s'y trouvent détaillés, et dont on n'a point parlé dans la séance du 2 fructidor. Le Rapporteur n'a pas dit un seul mot du service des vivres-viande. Cependant ce service a été fait pendant long-tems, sans bourse déliée, par les munitionnaires actuels. Dix mille bœufs environ leur ont été fournis par la Hollande, 5,000 par la Belgique; 3,000 existoient dans les parcs d'approvisionnemens, et leur ont été remis.

Les munitionnaires actuels ont balancé une forte partie du produit de tous ces bestiaux, par des procès-verbaux d'animaux morts à la suite d'une épisootie. Cette maladie, selon eux, étoit occasionnée par des animaux venans de la Hollande. N'importe, pouvoit-on dire aux munitionnaires, à votre comptabilité qu'il y ait ou n'ait point eu de bestiaux hollandois attaqués d'épisootie, lorsque ces bestiaux ne vous ont rien coûté. Il est indispensable de rétablir ici certains faits qui révolteront véritablement tous les amis sincères de la République.

D'un côté, des fournisseurs se font payer le prix des animaux censés morts, qu'ils n'ont jamais achêtés (je dis censés morts, parce qu'on sait qu'ils en comptoient cent pour un); d'un autre, ils ne tiennent aucun compte de ceux qu'ils ne peuvent nier avoir reçus bien portans pour l'usage de leur service. Ceci peut s'appeller tirer deux moutures d'un même sac sans rien payer.

On croira peut-être que les prévarications monstrueuses des munitionnaires se bornent là. Oh! mais ceci n'est qu'un prélude de leurs brigandages; poursuivons :

L'épizootie qui de fait a inquiété un moment, non pas les munitionnaires qu'elle enrichissoit, mais bien les habitans de quelques lieux occupés par l'armée de Sambre et Meuse, l'épizootie, dis-je, a déterminé le gouvernement à envoyer sur les lieux des artistes vétérinaires, pour en arrêter les pro-

grès. On peut les interroger ; ils font partie
du Conseil d'Agriculture existant encore
aujourd'hui au Ministère de l'Intérieur. Ils
vous diront que les munitionnaires n'avoient
aucun approvisionnement dans les parcs,
qu'ils faisoient leur service au jour le jour,
conséquemment qu'ils étoient étrangers aux
effets funestes de la maladie contagieuse ; que
l'épizootie ayant des symptômes très-appa-
rens, pouvoit prémunir les agens des munitionnaires, contre tous achats de bestiaux
malades. Les mêmes artistes vétérinaires,
estimables sous tous les rapports, déclare-
ront encore que les munitionnaires avoient
des forges ambulantes et toujours allumées,
portant les marques *R. F.* (république fran-
çaise), qu'ils faisoient appliquer sur tous les
bestiaux épars dans les pâturages ; que les
munitionnaires venoient ensuite les réclamer
comme leur appartenans, requéroient la force
armée pour les arracher aux vrais proprié-
taires, en même tems qu'ils faisoient vendre
sur les routes les autres bestiaux de réquisition qu'on leur expédioit de la Hollande et
de la Belgique, jusqu'aux armées. Je ne puis
me lasser de répéter que si de pareils for-

faits restent impunis, il ne reste plus qu'à ériger le vol public et le brigandage en vertus.

Il est possible que les agens du gouvernément n'ayent point envoyé exactement au Ministère de la Guerre, le relevé de tous les bestiaux de réquisition fournis aux munitionnaires par la Hollande, la Belgique, les pays conquis, etc., etc. Mais il est bien difficile de supposer qu'on n'exige aucun compte de matières de la part des munitionnaires, lorsque ce compte peut non seulement libérer le trésor public envers eux, mais encore les constituer débiteurs de l'état de sommes considérables.

Peut-on voir avec indifférence des hommes qui ont commencé l'année dernière sans crédit, sans fortune, sans moyens, réclamer en moins de trois mois, le paiement de 23 millions de fourrages pour la seule armée du Rhin, lorsque toutes les armées réunies de la France, n'auroient pu faire une consommation aussi considérable en si peu de tems? Ceci n'est ni supposé ni exagéré. Un jugement du tribunal de commerce a condamné la Compagnie des fourrages, qui fait partie des munitionnaires actuels, à payer pour le quinzième présumé de ses bénéfices pendant un mois, une somme de 600,000 liv. à titre d'acompte provisoire, à l'un des associés qui vouloit se retirer, et qui, le jour de son début, avoit emprunté 30 sols pour diner à l'auberge.

Au surplus, je suppose qu'il reste des doutes sur la quotité des denrées de réquisition fournies aux munitionnaires depuis l'année dernière, il est possible de s'en procurer l'état, très-approximatif au moins, sur les lieux mêmes. Beaucoup de municipalités se sont mises en règle. Qu'on interroge celle de Nuremberg ; elle répondra et justifiera par des reçus, qu'elle a été frappée d'une réquisition de 10,000 quintaux de bled, de 2000 bœufs etc., etc., que n'ayant pu procurer de suite les 2000 bœufs, qui excédoient d'ailleurs des ¼ les vrais besoins des troupes occupant son territoire, elle s'est arrangée avec les munitionnaires, leur a remis la quantité de bestiaux dont ils avoient strictement besoin, et leur a compté 500,000 liv. qu'ils se sont appliquées. Elle en montrera les quittances et prouvera que non seulement les munifionnaires faisoient leur service sans bourse déliée, mais qu'ils palpoient encore des sommes immenses de toutes parts.

Qu'on interroge les habitans des bords du Rhin, sur le prix qu'on leur payoit quelquefois pour un bœuf ou pour une vache. Ils répondront qu'ils n'ont jamais reçu plus de 48 liv. pour l'un et 36 liv. pour l'autre. Or la République remboursoit à cette époque, pour chaque peau de bœuf ou de vache, 27 l. aux munitionnaires. Ainsi, deux animaux du poids commun de 350 livres chaque, revenoient aux munitionnaires à 30 liv., et leur fournissoient 700 livres de viande qui leur étoient payées par la République (à raison de 11 sols) 385 liv. Le bénéfice seroit fort beau s'il n'étoit pas aussi scandaleux. Il faut espérer que le nouveau ministre de la guerre moins foible que son prédécesseur, ne sanctionnera pas des pirateries aussi révoltantes. Je crois qu'il a connoissance, en ce moment, d'un fait devenu notoire à l'armée du Rhin, et qui tient vraiment du prodige. Il a été constaté que les munitionnaires, dans un tems donné, n'ont fait abattre pour la consommation de toute l'armée, que 8 bœufs qui leur ont rendu 700000 rations à la distribution.

Qu'on interroge enfin les habitans de Vetz-laër et de Wusbourg sur le prétendu pillage du trésor de l'armée, dont les munitionnaires se sont emparés; ils diront par qui, comment ce pillage a été commis, en quelles mains le trésor a passé. Et 24,000 liv. ont pu acquitter les munitionnaires de plusieurs millions dont ils s'étoient rendus maîtres sans droits, sans qualités aucunes! Et la France entière gémira sous l'oppression des impôts les plus onéreux, pour appaiser la soif de cinq à six Compagnies, que des ruisseaux d'or ne pourroient assouvir! Et l'on mettra des garnisons chez le malheureux contribuable avant même qu'il ait pu receuillir le premier fruit de ses sueurs et de son sang; on le dépouillera de son dernier écu pour soudoyer des hommes qui, devenus possesseurs de toute la fortune de l'Etat, entreprendront demain peut-être de changer la face du gouvernement, dans l'espoir d'échapper à la sévérité des loix qui, partout ailleurs qu'en France, les eût déjà anéanti! A-t-on bien calculé ce que peuvent des hommes qui osent se vanter d'achêter des suffrages jusques dans le Corps Législatif?

Sans doute le nouveau ministre n'avoit pas connoissance en remettant ses nottes, du trésor confié aux munitionnaires, qui n'en ont rendu aucun compte. Cependant le payeur-général de l'armée, l'ordonnateur en chef ont réclamé contre cette infidélité inouie ; mais les munitionnaires ont fait changer la destination de ces deux agens fidels de la République, en les faisant passer du Nord au midi ; et il paroît qu'on tient les munitionnaires quittes du trésor qu'ils ont gardé, puisqu'il n'en est nullement question dans les retenues à leur faire.

On a demandé à la tribune que pour l'honneur et le crédit même de la compagnie des munitionnaires, il fut fait un rapport sur leur affaire. Honneur ! crédits ! quelle profanation des plus beaux titres auxquels un négociant puisse aspirer ! Qu'on consulte toute la place, et si ces munitionnaires jouissent d'un crédit de 5 sols, je consens de perdre ce qu'on voudra. Qu'on consulte leurs agens, leurs fournisseurs, leurs employés ; ils vous diront que la compagnie leur dispute jusqu'à leur propre subsistance, qu'elle ne leur paye pas un écu sans exiger d'eux une quittance double au moins de la somme qu'ils reçoivent.

Je veux bien que la défense des munition-naires ait été provoquée par des motifs de bien public. A quoi peuvent-ils se réduire ? à la crainte de voir manquer le service. Je pardonne volontiers cette crainte à ceux qui ne connoissent rien au service des armées ; cependant comme elle conduiroit à la con-séquence funeste que le sort de la France est encore entre les mains des munitionnaires ; cette seule considération devroit entraîner le Gouvernement à les supprimer sans retour. Qu'on soit sans inquiétude sur la reprise de tous les services par de nouveaux entrepre-neurs. On en trouvera cent pour un ; et à l'instant où, en mettant les entreprises par-tielles en adjudication, l'on pourra décidé-ment arrêter les fonds qui doivent être affectés au service des armées , on verra paroître des compagnies bien accréditées qui dépenseront quatre fois moins que les muni-tionnaires actuels, et feront beaucoup mieux le service. Il sera bien encore , quand on met-tra ce nouveau projet à exécution , de pren-dre les moyens nécessaires d'empêcher les fournisseurs de racheter les bons de rations non distribuées. Je voulois rappeler ici tout ce que j'ai déjà publié sur l'indécence audacieuse avec laquelle les munitionnaires se procuroient presque pour rien, une infinité de pièces comptables. Tout le monde le sait aujourd'hui, je n'y reviendrai donc pas; et je me contenterai d'indiquer les moyens d'arrêter la cause la plus directe des dilapidations dont tous les coins de la France retentissent. Qu'on arrête donc en principe que la subsistance du soldat fait partie de sa solde, que les rations qu'il n'aura pas reçues en nature lui seront payées en argent; qu'on arrête également en principe qu'il ne sera fait de décompte aux fournisseurs que sur les contrôles des troupes, qu'enfin les revues soient ordonnées régulièrement d'après les anciennes formes; si les fournisseurs peuvent alors réclamer plus de rations qu'ils n'en auront réellement distribuées, je consens encore à perdre tout ce qu'on voudra. Maintenant que j'ai donné le mot de l'énigme, c'est au Corps législatif à peser dans sa sagesse s'il lui convient de fixer les bases d'après lesquelles il entend que les revenus

soient

publics soient employés, et au Directoire
à mettre un frein aux dépenses scandaleuse-
ment exagérées du département de la guerre.
Je vais répondre au moyen de défense ou
d'excuse le plus séduisant que les munitionnaires ont fait proposer à la tribune.

On a dit pour eux qu'il ne falloit pas leur
compter comme réelles, les valeurs *nominales* qu'on leur avoit données jusqu'à-
présent ; et on a cherché à jetter du ridicule
par un éclat de rire sur l'observation très-
judicieuse d'un membre qui prétendoit avec
raison, que quelque fût le mode de paiement
adopté pour les entrepreneurs, il ne devoit
pas les autoriser à compter plus de parties
prenantes qu'il n'en existoit réellement. Toutes les observations que je pourrois me per-
mettre sur ce mouvemeut fort singulier, de-
viendroient peut-être autant d'injures. Je ne
peuxdoncqueprésumerqu'iln'aété occasionné
que par la tournure des expressions vraisem-
blablement impropres du membre qui a fait
l'observation, et je m'empresse de manifes-
ter ici les sentimens de respect que doit ins-
pirer la première autorité de la République.
Je vais répondre à l'excuse des munitionnaires.

B

Qu'entend-on d'abord par valeurs nominales, sinon des valeurs, ou qui ne sont point exigibles ou qui ne peuvent se réaliser en espèces. C'est ainsi qu'on appeloit les assignats, les mandats ; c'est ainsi qu'on appelle les inscriptions, les bons, et autres papiers publics.

Or, qu'a-t-on donné en paiement aux munitionnaires ;

1°. Des denrées de toutes espèces au-delà de leurs besoins, estimées communément moitié de leur valeur, ou, ce qui revient au même, portées en compte seulement pour moitié de leurs quantités réelles. Apellera-t-on les denrées *valeurs nominales* ?

2°. On leur a donné des rescriptions bataves, savoir : celles de l'échéance de 1796 et 1797 pour comptant, et celles des échéances subséquentes ou payables après la paix, à titre de nantissement dans la proportion de 4 millions pour un. Les premières ont été acquittées immédiatement après leur délivrance ; conséquemment elles n'ont donné aucune perte. Celles de 1797 ne perdent pas 6 à 7 pour cent, et le coupon d'intérêt qui s'y trouve joint donne un bénéfice annuel de

4 pour cent. Lorsque la perte des rescriptions de 1797 étoit plus forte, les munitionnaires les donnoient pour comptant à leurs fournisseurs. Il faut espérer que quand il plaira aux entrepreneurs de compter de ces valeurs, on aura la précaution d'exiger d'eux la justification légale et non-équivoque de l'emploi qu'ils en ont fait.

Quant aux rescriptions des échéances reculées ou payables après la paix, elles ont été déposées la plûpart en Hollande, moyennant une avance du tiers de leur valeur nominale et un intérêt de 6 pour cent l'an. Le gouvernement tient compte de cet intérêt, non pas sur le pied de 6 pour cent, mais à raison de l'agio usuraire de la bourse de Paris, c'est-à-dire de 3 pour cent par mois ; et je sais très-particulièrement que quelques membres de la fameuse compagnie, plus adroits que leurs camarades (car c'est à qui d'entr'eux se trompera réciproquement), ont trouvé moyen de faire des prêts considérables sur les rescriptions de leurs propres deniers, et de s'apliquer le petit casuel de 3 pour cent par mois. Ainsi loin que les munitionnaires soient lezés par l'envahisse-

sement qu'ils ont fait de toutes les rescriptions bataves, ils ont exploité doublement
cette riche mine de ducats. Ceux d'entr'eux
qui ne faisoient que le service de la viande
avant de former la compagnie actuelle, en
ont reçu pour environ 25 millions de notre
monnoie, et il ne leur est pas dû 1,200,000 l.
même en ne faisant aucune réduction sur
leurs réclamations exagérées. Il n'y a qu'un
bon conseil de révision composé de gens
du métier, incorruptibles, qui puisse aider le
ministère de la guerre à débrouiller ce cahos
d'iniquités. La chose n'est pas du tout difficile ; mais la commission des dépenses ou
toute autre portion du Corps législatif, ne
pouvant se mêler des détails administratifs,
n'en viendroient jamais à bout.

3°. On a donné aux munitionnaires des
délégations sur les payeurs des départemens
à leur choix, sur les 4 derniers sixièmes du
dernier quart des biens nationaux. On vient
de leur assigner 8 millions sur les receveurs
des contributions directes, toujours à leur
choix. On doit présumer d'abord, qu'avant
de désigner les départemens où il leur convient de toucher des fonds, ils se sont assu-

rés de la situation des caisses, donc ils sont certains de leur paiement. Au surplus lorsqu'ils ne trouvent pas de fonds à point nommé chez tel ou tel autre receveur, ils ont la faculté de faire échanger leurs assignations autant de fois qu'ils le veulent, et la trésorerie les expédie à la minute. En un mot ils parviennent un peu plus tôt ou un peu plus tard à être payés en *numéraire*, puisqu'il n'existe plus dans la circulation aucune monnoie factice. Les munitionnaires ont donc eû tort de faire dire à la tribune, par les membres qu'ils ont trompés sans doute, qu'on les payoit en valeurs *nominales*.

Sans doute ils objecteront à cette première observation que les pertes qu'ils font sur les valeurs qu'on leur donne doivent faire rentrer ces mêmes valeurs dans la classe de celles qu'on désigne par le mot *nominales*. C'est sur ce dernier point essentiel qu'il me reste à éclairer le Corps législatif et le Directoire.

J'invoque ici le témoignage de tous les banquiers de Paris pour certifier que les délégations données par la trésorerie n'ont aucun cours légalement connu, que la valeur

en est réglée selon le caprice ou l'impatience
des fournisseurs , qu'on les a vu offrir des
valeurs exigibles et existantes dans les caisses
à 20 pour cent de perte. Or , quel peut être
l'intérêt des fournisseurs à déprécier ainsi
les valeurs les plus réelles et les plus certaines
que le gouvernement leur distribue ? Cet intérêt n'est point équivoque , il est infiniment
majeur ; voici comment : une compagnie , je
suppose , reçoit pour 4 millions de délégations sur le $\frac{1}{4}$ du dernier quart des biens
nationaux , elle en négocie ostensiblement
pour 4 à 500,000 livres à 40 pour 100 de
perte , en garde la moitié ou les trois-quarts
pour ses bénéfices réguliers , et donne le
surplus pour comptant à ses sous-fournis-
seurs ; puis avec un bordereau de négociation
quelle fait signer par un courtier pour la tota-
lité de ses 4 millions , elle vient dire au gouvernement : j'ai perdu $\frac{2}{5}$ sur les valeurs que
vous m'avez données , ainsi je ne vous dois
compte que de 2,400,000 livres valeur réelle
au lieu de 4,000,000 valeur *nominale* que
vous m'avez donnée. C'est après avoir été
témoin dix fois de ces opérations désastreuses
que j'ai démontré, il y a quatre mois , jus-

qu'à l'évidence, que l'intérêt le plus grand des entrepreneurs consistoit à déprécier le plus possible toutes les valeurs du gouvernement. (*) D'ailleurs qui oseroit nier que c'est ainsi qu'ils ont avili successivement les assignats, les mandats, etc. et ruiné la fortune publique et particulière.

Maintenant qu'a-t-on à leur répondre ? 1°. Le gouvernement n'admet plus dans ses recettes que le numéraire. Or, en vous donnant des délégations sur les payeurs et receveurs généraux, il vous donne bien réellement du numéraire. 2°. Que touchez-vous en vertu de vos délégations ? du numéraire. Donc vous ne pouvez pas dire qu'on vous paye en valeurs *nominales*.

Mais, ajoutent les munitionnaires, ne pouvant ou ne voulant pas attendre souvent un mois ou deux, nous sommes forcés de

---

(*) J'apprends à l'instant que les munitionnaires font déjà offrir à 20 et 25 pour cent de perte, les valeurs qu'on leur délivre en vertu de la dernière loi qui autorise la trésorerie à fournir des délégations jusqu'à concurrence de 25 millions sur les impôts directs, et les fonds sont prêts dans les caisses particulières ! ! !

sacrifier les deux cinquièmes des valeurs qu'on nous donne. Comment le gouvernement consentira-t-il, et quel législateur osera proposer d'arrêter en principe, qu'il faille soumettre le trésor public à une perte de 40 pour 100, pour une anticipation de 2 ou 3 décades qu'il ne devroit même pas accorder? Car il faut ici rappeller et ne jamais perdre de vue, qu'aux termes des loix réglementaires et des différens traités faits avec les munitionnaires, on ne leur doit aucun paiement que sur des états arrêtés par les ordonnateurs et appuyés de pièces comptables. Or les paiemens qu'ils reçoivent leur sont faits par urgence ou par acompte approximatif, et rarement leurs pièces de dépense arrivent moins de plusieurs mois après l'acquit intégral et sans retenue de leurs délégations. Ainsi on peut dire véritablement que les délégations qui ont un mois ou deux à courir, sont des avances réelles plutôt que des paiemens retardés. Et l'on voudroit donner à entendre que le fisc doit supporter une perte de 40 pour 100 sur ses propres avances? Où en sommes-nous donc? A combien faudra-t-il élever les contributions de toute espèce,

si l'écu que paie le malheureux contribuable
ne vaut que 36 sols dans les mains des vam-
pires de l'état? Il ne faut plus s'étonner si
les 400,000 hommes au plus qui nous restent
de troupes, et dont les trois quarts au moins
vivent depuis long-tems aux dépens de l'é-
tranger, ont coûté cette année 600 millions
environ à la République, lorsqu'ils ne pou-
voient pas en dépenser 100, même en portant
la dépense de chaque soldat resté sur le territoire français, à 1,000 liv., ce qui est inoui.

Si j'avois à tracer le tableau fidèle des
individus qui composent la Compagnie des
munitionnaires généraux, de leur vie poli-
tique et privée, de leur morale et de leurs
connoissances administratives, je provoque-
rois l'indignation générale contre ces premiers
ennemis de la chose publique. Mais je me
borne à renouveller ici l'expression de la
surprise que m'a causé la bonhomie de ceux
qui ont invoqué le respect dû au crédit et à
l'honneur de tous les fournisseurs. Je ne puis
regarder cette invocation que comme un per-
siflage. Qu'on aille s'informer sur la place
publique, de quel crédit et de quelle répu-
tation jouissent les entrepreneurs, si on trouve

un seul homme d'affaires qui ose leur confier 5 sols, je passe condamnation.

Le Corps Législatif sera-t-il donc plus indulgent envers la Compagnie Godart qu'envers la Compagnie Dijon? Quoique les tribunaux dussent faire justice de celle-ci (*), cependant le Conseil des Cinq-Cents discutoit sans cesse toutes les infidélités qu'elle avoit commises. Pourquoi la première trouveroit-elle l'impunité dans une infiniment plus grande dilapidation?

Je conjure tous les amis sincères de la vérité et de la patrie de lire sans prévention les observations rapides que j'ai tracées sans animosité sur l'étonnante séance du 2 fructidor, et de les comparer à ce qu'ils ont pu receuillir de celles des orateurs qui ont occupé la séance entière sans rien éclaircir, sans rien résoudre.

DURAND, *Homme de Loi.*

____

(*) La Compagnie Dijon vient d'être condamnée à restituer trois millions à la Trésorerie.

____

De l'Imp. de BRUNE, rue Honoré, N°. 320.

9 782013 280334